Für meine zwei geliebten, geduldigen Männer
Johannes und Heiko

An dieser Stelle einen
dankbaren Gruß an Angela und Hester

Die Deutsche Bibliothek –
CIP-Einheitsaufnahme

Ein Titeldatensatz für diese Publikation ist bei Der Deutschen Bibliothek erhältlich.

Idee, Konzeption und Zusammenstellung: Meike J. Bockermann. Zeichnungen: Stephan Hollich.
Redaktion und Layout: Achim Uhlenhut.

Originalausgabe.
Rinty.Press Verlag Angela Seidel und Achim Uhlenhut GbR, Kurze Straße 4, D-30880 Laatzen
www.rintypress.de

Druck und Verarbeitung: AALEXX Druck GmbH, 30938 Großburgwedel

ISBN 3-936335-06-0

Spaß muß sein!

gezeichnet von Stephan Hollich

nach Ideen von
Meike J. Bockermann

RINTY PRESS

Geburtsstätte von Hemp! (glaub ich)

Liebe Leckerlibeutelvergesser,
Futteraufwärmer, Ballwurftechniker,
Vielzulangeleinehaber,
Trainerlochindenbauchfrager, Bedingtumsetzer,
Pansenkocher, Vetbeddrunterleger,
Spassdurcherziehungsverderber,
Nullunterwollehaber, Bordercollieliebhaber!
Sollte euch die ein oder andere Zeichnung zu sehr aus dem Leben gegriffen sein, kann ich euch beruhigen: Diese Vorstellung entspricht lediglich eurer blühenden Phantasie.
Die Ideen sind alle erfunden und sehr weit hergeholt.
Und jetzt: Augen auf und durch.
Spaß muß eben sein!

Die Evolution des Border Collie

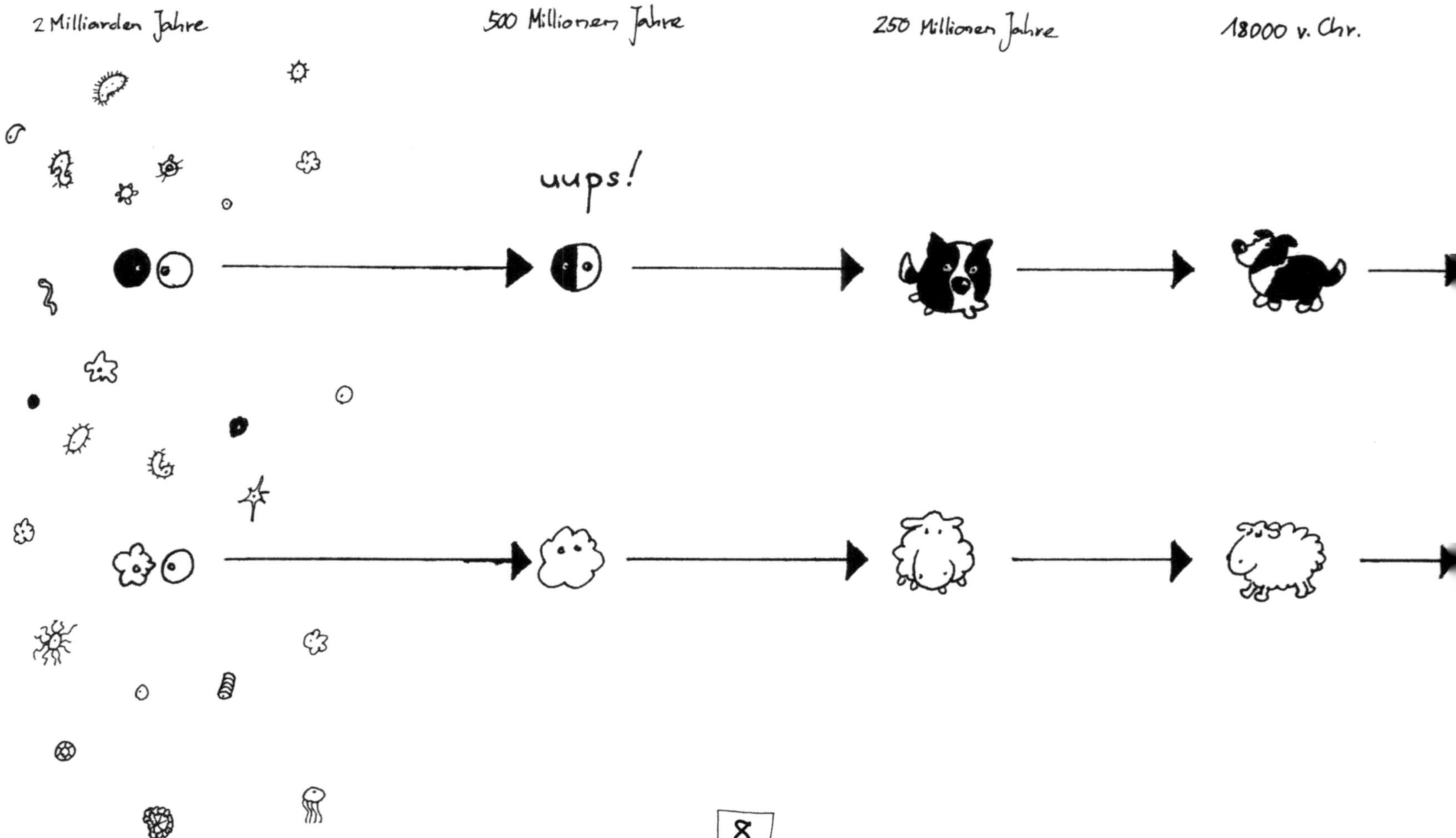

1980

2000

HUNDE
RASSEN
HUNDERASSEN

Bu!

Haben Sie was zu verzollen ??
DOUANE
ZOLL

Der links könnte gehen, aber passt er auch zum Kanapee ?

Wouaaah!
Feigling!

Ich hätte gerne einen zum Radfahren...
32
Mit Ketten-oder
Nabenschaltung?

Ich laß' meinen jetzt los,
das müssen die beiden unter sich ausmachen...

Menschentraining beginnt im Welpenalter...

poff!

Hütetrieb ...was ist das?

Zu früh ...

Zu wenig...

zzzzZZZZ

Zu viel!

1
2
3
4
Na gut!

Zu viel Hunde mit zu viel Trieb - kein Problem mehr: Parkeinweiser werden immer gesucht!

Kein Auge, kein Stil - aber clever gelöst!

Da kommt doch wohl noch Verstärkung?

Border Collies sind sehr empfindlich...
sitz!
down!
...und nehmen vieles sehr persönlich!

... und was macht er wenn kein Schnee liegt ?
pjuff
bop
boum
zzZZZZZ

In einem Punkt sind sie sich alle einig...

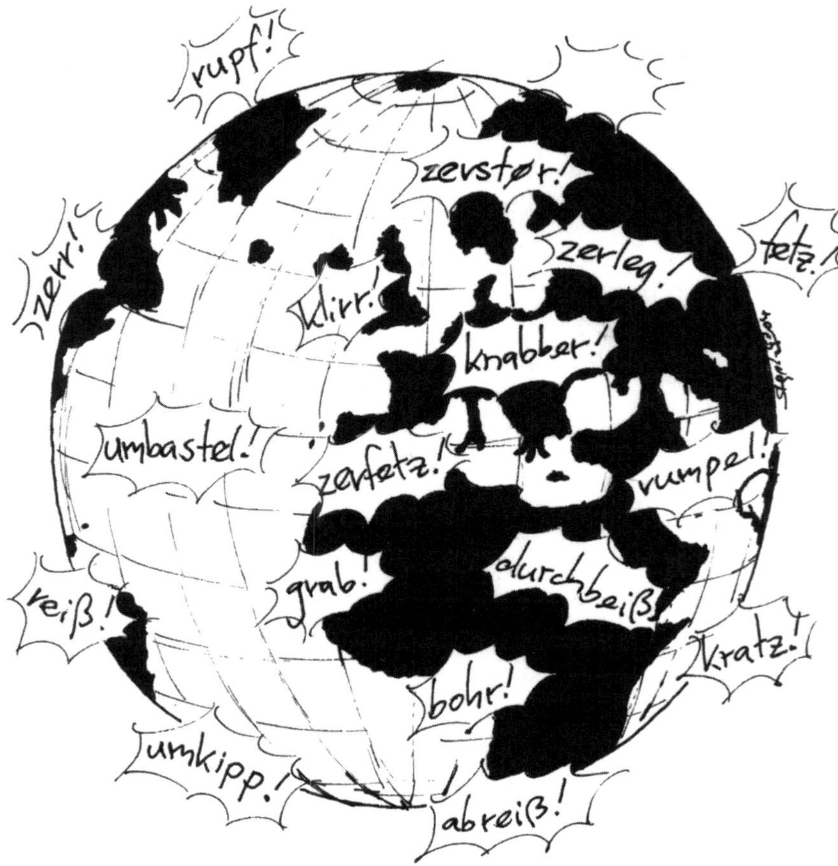

...Ordnung muß sein!

Wie hast Du ihm das Bellen abgewöhnt ?

Ich weiß gar nicht, was die alle haben – wir bemerken ihn kaum!

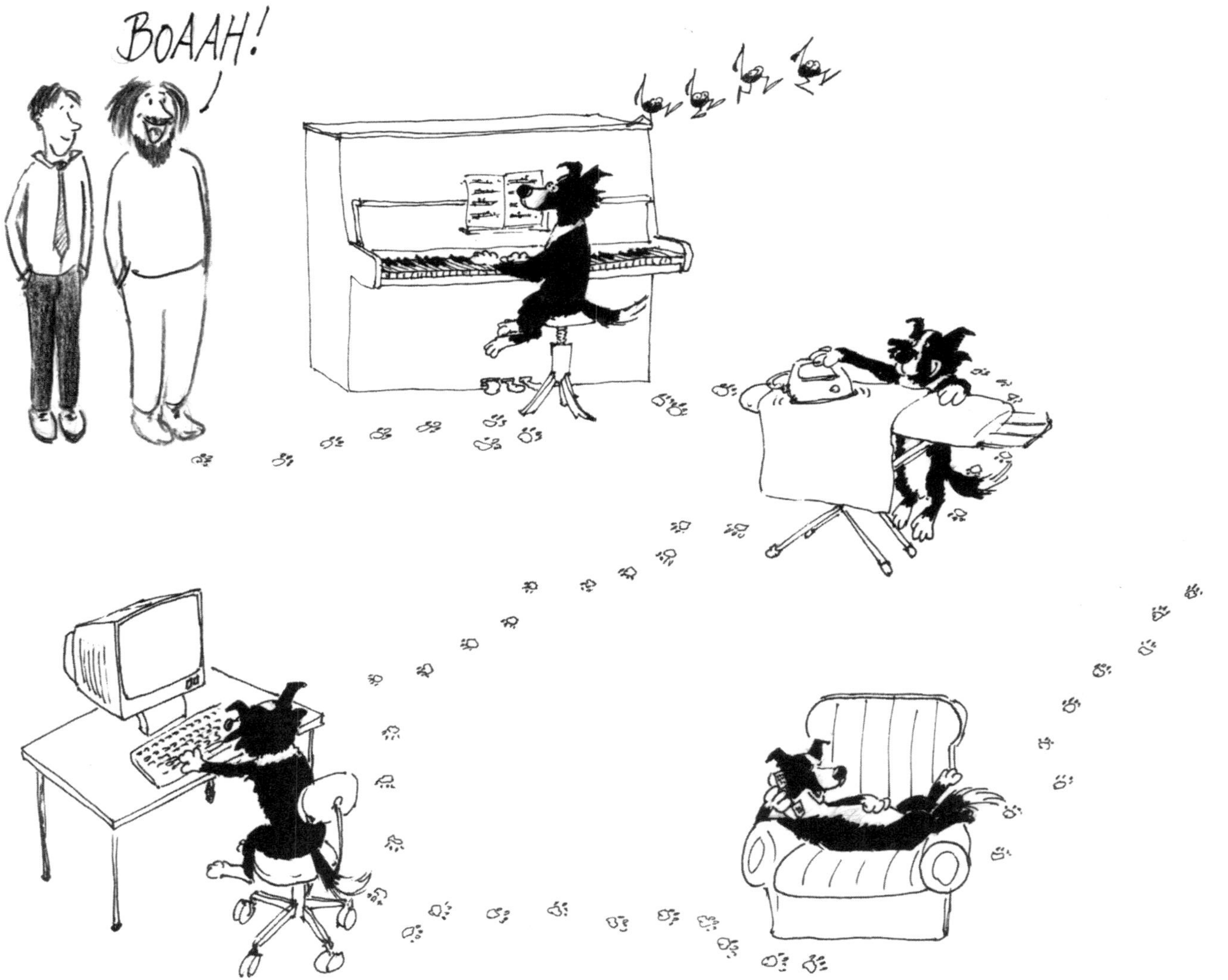
BOAAH!

Kann er sitz?
Nö...

Ich weiß gar nicht, was ich machen soll, er frißt so schlecht...

Und wie nennen die Ballwerfer euch ?
Aus !
Lassesvorselbst !
Jetznich !
Gehaufdeinplatz !

Ist das nicht nett? Maximilian hat so viel Spaß mit Bobby!

Ein Jahr später ...

Spielt einer mit mir
Stadt, Land, Fluß ?

Ich foll fagen: Feibenfpielen macht Fpaf!

Dog Dancing

Obedience

... Training ... Freizeit... ... Auszeit!

Agility

Meiner hütet!

Meiner macht Agi!

Schachmatt!

Und was macht Ihr so in eurer Freizeit?
Halpf Maul!

Mayday!

Bobby-wo bist du?
Hat der sich schon wieder verlaufen?

...und wo hast du gesucht ?

Insider (Gruß an Rinti)

108
109

108
109

Wer tut denn sowas?
108
109

Ein schöner Hund hat keine Farbe!

Mmmh! ... Chanel ?

... aber er hütet gut!
Ach...

Germany
2008
BorderCollie
ColourClass

1990

2000

Groß genuch!
107

Immobilien und mehr
Claus Müller
Eingang
VERMIETUNG
VERKAUF